L'ATELIER INTÉRIEUR
DIY AVEC SUPPLÉMENT D'ÂME

la poésie du papier

Raphaële Vidaling
Sandy Rousson

la poésie du papier

Éloge de la fragilité :
expériences créatives d'art modeste

Tana
éditions

Bienvenue dans l'atelier

Papier de riz ou d'Arménie, comme dans la chanson, papier buvard, papier mouchoir, papier à fleurs ou à entête, papier cadeau ou hosho, papier cuisson ou Canson, glacé ou couché, papier crêpon, brouillon, bouffant, mâché, bible, hygiénique, papier carbone, machine, à lettre, plié, huilé, rempli, papier d'archive ou d'identité, papier maïs, washi ou chiffon, vélin ou peint, papier de soie ou de verre, papier journal, papier kraft, papier vergé, sulfurisé, gaufré, bulle et cigarette... C'est peu dire que le papier habite notre quotidien sous ses multiples figures de caméléon !

Le mot date du XIIIe siècle, issu du *papyrus*, support d'écriture égyptien. À cette époque, le papier supplante progressivement en Europe le parchemin, fait de peau de mouton ou de chèvre, le précieux vélin étant fait de la peau de veau mort-né. Jusqu'au XIXe siècle, nombre d'encyclopédies s'obstinent à faire du papier une invention médiévale européenne, alors que tout le génie en revient aux Chinois, trois siècles avant notre ère. La recette leur est interceptée par les Arabes au VIIIe siècle, lors de la prise de Samarcande (Ouzbékistan), et pendant près d'un demi-millénaire l'histoire du papier est étroitement liée au monde musulman, qui en fait évoluer la fabrication et a permis qu'elle gagne progressivement l'Occident. En France, les premiers moulins à papier, issus de la tradition italienne, s'installent au XIVe siècle. Puis le papier connaît un bon en avant avec l'invention de l'imprimerie, jusqu'à devenir indissociable de l'idée d'écriture, de livre et d'imprimé, alors qu'en Asie, initialement, c'était un matériau bien plus polyvalent, qui servait à réaliser aussi bien des lanternes que des éventails, et jusqu'aux cloisons des maisons.

Si vous tenez ce livre entre vos mains, c'est sans doute que quelque chose dans le papier vous parle. Par quel biais ? Le papier réunit divers paradoxes. À la fois fragile et solide, éphémère et traversant les siècles, sans valeur et précieux (de l'emballage jetable au papier-monnaie ou à l'acte notarié), banal et mystérieux (les papetiers préservent jalousement leurs recettes), il offre sa surface blanche à toutes nos projections.

En tant que support créatif, il présente l'avantage d'être accessible et humble, convenant ainsi à celles et ceux qui doutent de leur légitimité à produire de l'art. Mais c'est aussi un matériau d'une richesse infinie, malléable, recyclable, transformable et aux multiples facettes, des fines feuilles translucides à la solide pâte à papier dont on peut fabriquer des sculptures géantes. C'est donc un support idéal pour mener toutes sortes d'expérimentations, comme y invite cette série de livres.

La collection **« L'atelier intérieur »** propose d'ajouter aux pratiques manuelles un supplément d'âme sous la forme d'un éclairage teinté de psychologie. Quelques notions spécifiques seront apportées par des encadrés appelés « Le regard de la psy », rédigés par une spécialiste. Ils constituent des suggestions d'interprétation pour les lecteurs qui veulent prolonger par des lectures ou par une introspection le petit déclic qu'ils auront peut-être perçu en eux au moment où ils sont entrés concrètement dans « la voie de l'atelier ».

L'essentiel de la proposition est tout simplement d'observer ce qui bouge en soi quand l'esprit, grâce aux mains, se dédie au « faire ».

Bien qu'il s'agisse de fiches détaillées, avec toutes les explications nécessaires pour reproduire pas à pas les objets représentés, ce n'est pas un cours d'art plastique. Un atelier est plutôt une invitation à **l'expérience**. Se dégager de l'espace et du temps pour expérimenter – en d'autres mots, pour jouer ! Dans le dictionnaire, l'expérience se définit comme une connaissance acquise par le fait d'éprouver ; elle s'oppose à un savoir qui repose sur une élaboration théorique.

Si le titre n'avait pas déjà été pris par une émission de télévision des années 1980, on aurait pu appeler cette collection : « Mes mains ont la parole. » Il s'agit bien de faire silence et d'éprouver, c'est-à-dire de traverser ce moment pour le ressentir.

Partant de là, il n'y a pas d'échec ni de réussite. Que l'on fasse des pliages ou des collages, que l'on bricole une lampe ou une guirlande, que l'on habille une huître ou que l'on gribouille une page de livre, peu importe le résultat : c'est le geste qui compte, non pas dans son excellence à la manière d'un artisanat de pointe (tout est très facile), mais dans le ressenti qu'il permet d'éprouver, dans l'imaginaire qu'il ouvre, dans les envies qu'il fait naître par rebonds et pas chassés – et il n'y a pas plus fertile rebond que né du loupé, du pot qui se renverse, du papier qui se froisse... C'est ce que l'on appelle la **« sérendipité »**, aptitude à faire par hasard une découverte inattendue et à en saisir l'utilité.

« Ressentez. Pas de recette, d'exercice, d'attitude à observer. Être lucide. Sentez la peine, la tristesse, la peur. C'est Dieu en activité. C'est votre chance. Quand vous ne prétendez plus que les choses devraient être autrement mais que vous vous donnez à ce qui est dans l'instant, tout est possible », écrit le maître tantrique cachemirien Éric Baret, qui nous a beaucoup éclairées l'une et l'autre.

Désobéissantes, encore empreintes de nos formations universitaires respectives, nous avons toutefois enrichi ce livre de pistes de réflexion inspirées de la psychanalyse pour donner à manger aux esprits affamés qui ne se contentent pas de faire silence. Mais l'essentiel, rappelons-le, est dans le faire. *« Just sit »*, répond sobrement le maître zen Tokuda quand on lui demande de parler du comment et du pourquoi de la méditation. « Assieds-toi et tais-toi. »

Toutes ces **épreuves poétiques,** nous les avons traversées nous-mêmes. Nous avons sélectionné celles que vous ne verrez pas ailleurs : allez trouver un manuel de *gyotaku*, un tuto pour faire des décalcomanies au ruban adhésif ou un cours de *tea art* sur sachets de tisane ! Vous verrez qu'elles ont souvent en commun de **ramener en enfance** : de l'encre qui flotte à la surface de l'eau, un mobile de branches pas droites, des casiers à trésors minuscules, une boule à neige sans neige, de la bouillie en papier toilette... La matière devient jeu, l'esprit s'oublie, on jubile, on bricole, on fait du beau et de l'étrange. Bienvenue dans la vie.

Parcours initiatique
en guise de sommaire

Ce livre s'organise comme une chasse au trésor, d'où le parcours en page de droite. Et le trésor, c'est vous !

Le mot « **poésie** » employé dans le titre de ce livre vient du grec *poiein,* « faire, créer, fabriquer », voire « mener vers ». Il va donc bien au-delà de l'exercice d'écriture qu'évoque le sens moderne. La *poïesis* désigne originellement une action qui transforme et qui, par là, tend vers un but. Il en découle le mot savant « poïétique », qui a pour objet « l'étude des potentialités inscrites dans une situation donnée qui débouche sur une création nouvelle ».

Ce livre part du postulat que le processus créatif est comparable à la démarche que l'on engage en psychothérapie : dans les deux cas, on vise une **transformation**. Or, nous partageons la conviction que le beau a ce pouvoir sur le psychisme : celui de nous transformer.

Pour que ce changement intime ait lieu, cinq étapes sont nécessaires : partir du connu, décoratif et accessible (chap. 1) pour accepter le décalage et entrer en zone de lâcher-prise (chap. 2) jusqu'à transgresser les règles (chap. 3), opérer une régression (chap. 4), puis renaître à la réalisation de soi (chap. 5).

C'est dans ce sens que nous vous menons à l'aventure. Mais libre à chacun et chacune d'aller piocher dans le menu à toute étape du parcours...

Les étapes

1
2
3
4
5
de sa bien-aimée
beau,
blessure sanglante

“ Il fut papier ; cent cerveaux à l’envers
de visions à l’envi le chargèrent ;
puis on le brûle ; il vole dans les airs,
il est fumée aussi bien que la gloire. ”

Voltaire

Papiers décoratifs

La belle image
& l'enveloppe de soi

Matin de Noël. Sous le sapin, une montagne de paquets excite la curiosité des enfants. Colorés, irisés, de soie ou de kraft, avec des frisettes et de jolis plis. Que cachent-ils ? Surprise ! Une vraie cachette se veut discrète ; celle-ci, au contraire, étincelle. C'est un code, un jeu : le papier cadeau qui diffère la révélation. Une fois qu'il a accompli sa mission d'éblouissement, on le déchire et on le jette.

✷ Un camembert aussi s'offre au plaisir en tenue de papier, une tablette de chocolat, un bouquet de fleurs et même une paire de chaussures neuves. L'un des usages quotidiens que l'on fait du papier, et le premier qu'il connut lors de son invention, c'est l'emballage. Et si possible, l'emballage embellissant, le joli costume qui à la fois cache et rehausse.

✷ C'est par ce premier aspect du papier que l'on va débuter le parcours : le papier qui entoure, qui fait joli. Le papier facile d'accès, séduisant, à motifs ou texturé, le papier qui présente bien, poli comme un sourire. Il faut bien partir de la surface avant de gratter derrière la couche d'apparat. De même que le papier peint recouvre les défauts des murs, il nous interrogera sur notre « belle enveloppe » à nous aussi, ce revêtement extérieur dont nous nous parons, dans le vêtement comme dans l'attitude. Comment nous arrangeons-nous pour « présenter bien » ?

1

Observer l'image que l'on donne de soi

✷ L'histoire du papier, né en Chine avant notre ère, est fabuleuse. On y apprend qu'on a même conçu, à l'époque, des armures en papier, réputées tout aussi résistantes aux flèches que les tenues de métal, et ô combien plus légères ! Certaines de nos carapaces psychiques n'ont-elles pas cette vertu : minces et négligeables en apparence, mais finalement solides et hermétiques ? Il sera donc question, en filigrane, de l'image de soi. Elle s'est construite à partir de nos expériences affectives investies, de la mémoire inconsciente de tout notre vécu relationnel. Elle évolue avec le temps et aussi en fonction de ce que les autres nous renvoient.

✷ Le premier atelier, très simple, met le doigt sur le couple nature & culture : un galet brut recouvert de papier à motifs. Intervention humaine qui transfigure un caillou en objet décoratif. L'âme de pierre est la même, mais sa valeur affective a changé, par un tour de passe-passe d'un petit millimètre d'épaisseur. Est-ce donc si simple de changer de nature ?

✷ On empruntera ensuite à l'origami, art des règles et des convenances s'il en est, une autre forme d'emballage : des petites boîtes cumulées à usage d'étagère. Parties de rien, une feuille, et pourtant capables de devenir écrins à trésors. La valeur des choses tient souvent à leur cadrage, comme en photographie, c'est-à-dire à leur désignation comme telle.

✷ À propos de valeur, parlons argent : la lampe à suivre sera réalisée en papier-monnaie, mais une monnaie fictive, celle qu'en Chine on brûle pour accompagner les morts. Toujours fragile est un placage, fût-il en or, mais il est des illusions auxquelles nous avons besoin de croire (faire comme si la vie était infinie, par exemple) pour ne pas sombrer dans l'obscurité des profondeurs.

✷ Au cœur de l'intime, toutefois, nous convieront les coquillages que l'on recouvrira d'une fine strate de motifs prélevée d'une serviette de table afin d'en épouser la corolle de nacre. Le soin de faire du beau quitte l'extériorité pour gagner le cœur de la carapace.

✷ La dernière création, un lustre de feuilles, sera volontairement un peu bancale et laissera transparaître les imperfections du papier artisanal et ses fibres végétales opaques : le doute s'est installé, le papier cadeau a perdu de sa rutilance, on aperçoit une lumière trouble percer à travers l'enveloppe irrégulière... Et si l'on prenait le risque de quitter les belles apparences pour se faufiler dans la faille de la déchirure ?

galets habillés

En art comme en philosophie, cuisine ou gymnastique, commencer par les choses les plus simples, c'est rentrer à sa mesure dans un sujet. Les cailloux ramassés au sol ne payent pas de mine, mais l'acte de les choisir et de les envelopper avec soin est un premier pas vers l'attention portée à la beauté dans sa modestie. Sous leur neuve parure, ils deviennent des trésors que l'on garde ou que l'on offre. Avec, au passage, le petit vertige du principe de patchwork, qui fait miroiter l'infini des possibles et l'audace des mariages mixtes.

MATÉRIEL

des galets
des chutes de papier cadeau (ou autres papiers fins à motifs)
de la colle
un pinceau
des ciseaux

Déchirer ou découper des petits morceaux de papier à motifs.

Faire glisser sous ses yeux ces fragments et essayer des assemblages esthétiques parfois incongrus : il peut être intéressant de confronter les pois avec les fleurs, les rayures avec les courbes, ou d'oser des mélanges chromatiques improbables.

Recouvrir les galets de colle et les envelopper de ces fragments de papier partiellement superposés. Plus les papiers seront fins et les morceaux petits, plus le recouvrement sera facilité et sans pli.

Laisser sécher.

Le regard de la psy

L'IMAGE DU CORPS

La psychanalyse distingue bien le schéma corporel de l'image du corps, laquelle est propre à chacun et est liée à son histoire. Françoise Dolto écrit qu'elle est « la synthèse vivante de nos expériences émotionnelles ». La conscience de cette image de soi se fait vers l'âge de huit mois : c'est le fameux stade du miroir, fondateur de l'identité. L'enfant y découvre avec surprise que ce reflet est bien lui, mais cette acquisition reste fragile : à tout âge, nous sommes susceptibles de ressentir par instants cette « inquiétante étrangeté » décrite par Sigmund Freud, qui nous met à distance et nous fait soudain ressentir le familier comme étant étranger. Qui est cet autre dans le miroir ? Le déguisement, et sa première étape qu'est l'habillement, est une sorte de jeu avec le frisson de ce sentiment fragile d'identité.

casiers en origami

Originaire de Chine et développé au Japon, l'origami est l'art du papier plié, soit la magie d'accoucher d'un objet en trois dimensions à partir d'une simple feuille. Le *masu* désigne cette petite boîte en bois dans laquelle on boit le saké, qui était, à l'origine, une unité de mesure pour le riz. Ce contenant est si populaire au Japon qu'on le réalise aussi en papier – c'est lui qui a servi de base à cette étagère à trésors en camaïeu. Fragile et solide à la fois.

MATÉRIEL

du papier
des ciseaux
de la colle
des pinces à linge
des punaises

Choisir des papiers dont les teintes forment une harmonie. On partira de formats carrés de tailles variées.

Réaliser des boîtes par pliage en suivant les schémas ci-dessus. (On trouve des tutos d'origami pour ce modèle, à ceci près qu'ici, par souci esthétique, les pointes sont repliées dans les bords plutôt que visibles au fond.)

On peut aussi confectionner des compartiments pour certaines boîtes.

Les disposer harmonieusement.

Coller les pointes rentrées dans les bords ainsi que les boîtes entre elles. Maintenir serré avec des pinces à linge le temps du séchage.

Déposer des merveilles dans les cases et fixer au mur avec des punaises.

ÉTAPES POUR LA BOÎTE

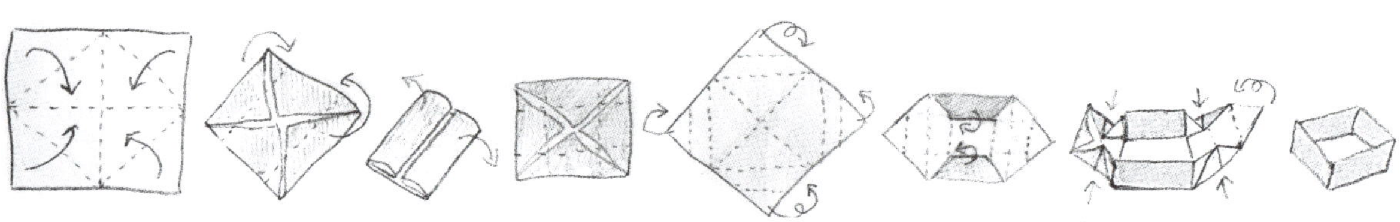

ÉTAPES POUR LES COMPARTIMENTS

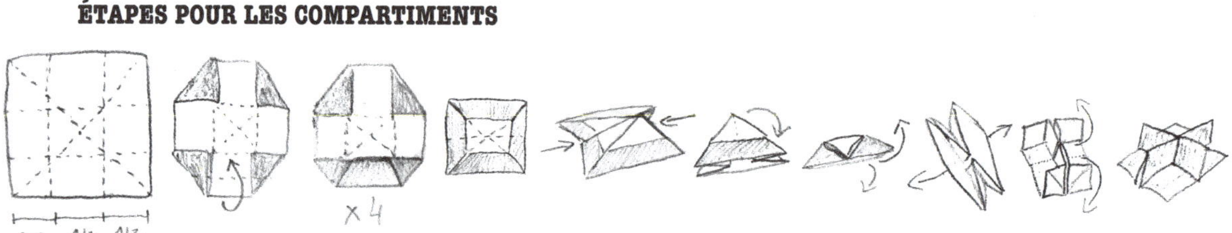

lampe en argent de Chine

Le papier à la fois ne vaut rien (il est souvent jetable) et vaut tout l'or du monde, puisqu'on en fait des billets de banque : c'est l'un de ses paradoxes. En Chine, parmi les rites funéraires censés accompagner le mort dans l'au-delà, on brûle des faux billets ainsi que ces jolis *joss papers* d'or ou d'argent que l'on trouve pour trois sous dans les boutiques asiatiques. De quoi se poser bien des questions sur la « vraie » valeur des choses et de la vie, tout en coupant et collant…

MATÉRIEL

des billets funéraires chinois, feuilles de papier au carré d'or ou d'argent dites *« joss papers »*

de la colle à papier peint

un récipient

un pinceau

de la vaseline

des ciseaux

du ruban adhésif

une demi-sphère de 30 cm de diamètre (polystyrène, ballon ou saladier)

du film étirable

une cuillère

un kit électrique (douille, ampoule, fil, prise)

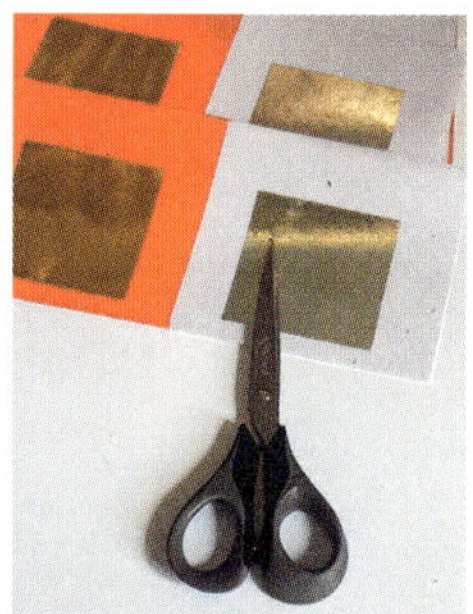

Recouvrir la demi-sphère de film étirable puis l'enduire de vaseline.

Découper des bandelettes blanches et dorées (ou argentées) de largeur égale.

Préparer la colle dans le récipient : une dose de colle pour deux verres d'eau. Mélanger avec la cuillère.

Enduire de colle les bandelettes recto verso au pinceau et les déposer en commençant par le haut de la sphère. Les recouvrir en tous sens de façon aléatoire, mais faire en sorte qu'il n'y ait aucun trou.

Lisser les bandelettes avec le pinceau ou le doigt, puis laisser sécher une nuit.

Démouler en retirant le film délicatement et former un cocon enveloppant le kit électrique (veiller à choisir une ampoule à LED qui ne chauffe pas). Maintenir le cocon fermé avec du ruban adhésif, puis suspendre la lampe.

Le regard de la psy

La symbolique du cocon

Une applique murale en forme de cocon réalisée avec du papier-monnaie destiné aux funérailles : ces deux thèmes ont en commun qu'ils célèbrent un passage. Quand on rêve de mort, pour la psychanalyse, il ne s'agit pas d'un présage funeste, mais plutôt du ressenti d'une transition entre deux états. La mort signale une mue, soit une étape de transformation nécessaire.

collage sur coquillage

Les encollages à base de serviettes de table ont connu un engouement particulier ces dernières décennies. Il faut reconnaître qu'il y a un plaisir certain à « éplucher » sa serviette pour en retirer la strate imprimée et à épouser aussi parfaitement une forme de sa si fine peau. C'est l'exercice du jour, dans le creux d'une simple coquille d'huître. On commence par une serviette, et puis on se demande quel autre secret motif on pourrait venir nicher dans ce petit coin doux. Une photo ?

MATÉRIEL

une huître

une serviette de table imprimée

un crayon à papier

de la colle blanche

un pinceau

Poser l'huître sur la zone de la serviette dont l'on souhaite prélever le motif. En faire grossièrement le tour au crayon à papier.

Séparer les différentes strates dont est constituée la serviette pour ne conserver que celle qui est imprimée.

Déchirer délicatement le contour marqué au crayon : les bords déchirés à la main épouseront avec plus de naturel le coquillage que si on découpe avec des ciseaux.

Coller au pinceau en prenant garde à ne pas déchirer la serviette, qui est fragile.

On peut aussi imprimer sa propre photo sur une serviette de table blanche que l'on aura scotchée, pour l'imprimante, sur une feuille A4 ordinaire. Dans ce cas, utiliser de préférence de la colle en bombe (la colle liquide fait déteindre l'encre et rend la photo floue).

Le regard de la psy

AU CREUX DE L'ORIGINE

*« Comment pourrait-on trouver la perle en regardant simplement la mer ? Il faut un plongeur pour trouver la perle », écrit le poète persan Rûmî (*Le Livre du dedans*). Cette phrase est une invitation à être dans un mouvement actif de retour sur soi pour contacter nos origines et ce qui nous constitue dans notre essence première.*
Au creux du coquillage, ressemblant à notre oreille interne, se loge cette perle qui n'est autre que le soi, que nous pouvons tenter d'entendre quand nous faisons silence en nous.

lustre en feuilles

Cacher/montrer. Cacher la lumière, montrer les irrégularités du papier artisanal. On pourrait faire plus design et suspendre des bandes de papier sur de fins bambous droits, pliées en deux comme du linge sur un fil, c'est beau aussi. Mais on fait ici l'expérience du bosselé, du « un peu de travers » des branches, ainsi que des scories apparentes dans les fibres. Cette esthétique de l'imperfection est appelée « *wabi-sabi* » en japonais.

MATÉRIEL

quatre feuilles de papier artisanal de fin grammage (format A2, ou A1 si pliées en deux)

huit fines branches à peu près rectilignes

des punaises, si besoin

de la ficelle fine

un kit électrique de plafonnier (douille, câble, ampoule)

un crochet au plafond

Choisir des branches assez droites, afin qu'elles puissent maintenir le papier par simple serrage. Si ce n'est pas le cas, s'aider de punaises discrètes.

Couper ces branches pour qu'elles dépassent de 10 cm la largeur des feuilles de papier. S'il s'agit de feuilles au format A1, les plier en deux comme au premier plan.

Maintenir ces branches arrimées deux à deux avec une ficelle nouée à chaque extrémité, la feuille emprisonnée entre elles.

Étaler ces feuilles au sol comme sur la photo ci-dessus de façon à superposer les extrémités des branches. Les assembler dans chaque angle avec une ficelle en laissant celle-ci dépasser de 40 cm environ.

Former une boucle à l'extrémité de chacune des quatre ficelles, puis passer ces boucles dans le crochet du plafond pour suspendre le lustre. Ajuster les boucles une à une ou entortiller chaque ficelle autour du crochet pour trouver l'équilibre et l'horizontalité.

Le regard de la psy

Assumer l'imperfection

Dans une société qui valorise la concurrence et le dépassement de soi, difficile de résister au culte de la performance. Pourtant, comme l'écrit Carl G. Jung : « Il n'y a pas de lumière sans ombre et pas de totalité psychique sans imperfection. La vie nécessite pour son épanouissement non pas de la perfection mais de la plénitude. Sans imperfection, il n'y a ni progression ni ascension. »

Papiers supports

Parchemins & palimpsestes : ce qui s'imprime en nous

2

Fixer le volatile & s'ouvrir au hasard

Vers la fin du Moyen Âge, le papier parvient à détrôner le parchemin, fait de peau animale, notamment parce que, à la différence de celui-ci, on ne peut pas le gratter et ainsi falsifier un document officiel ou contractuel. Le parchemin gratté afin de devenir réinscriptible était courant ; on l'appelait « palimpseste ». Le mot est également employé dans un usage au figuré : le palimpseste désigne alors tout lieu, réel ou psychique, où la nouveauté inscrit une nouvelle couche de matière, de sentiments ou d'idées qui vient se substituer aux couches plus anciennes.

✷ Après le papier décoratif qui enjolive les surfaces, on abordera donc ici le papier en tant que support : ce qui permet d'archiver, d'inscrire, de déposer. Sachant que « tout ce qui ne s'exprime pas s'imprime », comme le rappellent les thérapeutes, c'est-à-dire s'empreint dans le corps et la psyché, et notamment sous forme de blocages, on se saisira du papier comme occasion de faire apparaître sur cette surface ce qui sédimente, ce qui trouble, ce qui marque. La feuille agira alors comme un papier trempé par les photographes dans le bain de révélateur : elle révélera les secrets que cachait le papier cadeau.

✷ Comme les livres de cette collection s'organisent de la même façon qu'une démarche analytique, il fallait bien que ce deuxième chapitre corresponde, après un examen du connu au premier chapitre, à une mise en péril de nos certitudes afin de laisser entrer le coup de vent du décalage, du « pas comme il faut ». Celui que vient souffler le hasard quand il se mêle de la partie, celui des associations d'idées, qui désignent souvent la vérité par le détour, celui du lapsus ou du geste pas vraiment dirigé par la volonté, et qui, semblant fauter, dit vrai.

✷ Place donc aux expériences artistiques issues des arts aléatoires. À commencer par le *gyotaku*, art japonais de l'empreinte, qui était pratiqué par les pêcheurs pour garder une trace de leurs plus gros poissons. Il sera l'occasion de se poser la question de notre propension à archiver pour retenir, dans une vaine lutte contre l'impermanence des choses (et de notre existence).

✷ Le cyanotype est un procédé de tirage alternatif sans laboratoire photographique, qui utilise la réaction du soleil sur des produits chimiques. On obtient ainsi, dans un beau bleu cyan qui lui donne son nom, la capture d'une silhouette, toujours dans cette quête de fixation de l'instant, fût-ce sous forme de fantôme.

✷ Les décalcomanies sur bouts d'adhésif sont plus modestes mais, justement, étonnantes de simplicité. Elles introduisent la notion de variante : jusqu'à quel point de dilution et d'atténuation le semblable reste-t-il un clone ? Peut-on épuiser un souvenir à force de le répéter ?

✷ Le *suminagashi* fera voyager au Japon les pratiques d'empreintes et de marbrure : sur l'eau, de l'encre qui flotte en cercles concentriques, repoussée par une invisible bulle en surface. Le dessin se forme, se meut, s'écarte, se contrôle peu, se décale, ondoie... Vite, on en absorbe le tracé en y plongeant une feuille avant sa disparition subaquatique. Et on recommence, fasciné par cette danse mouvante et aléatoire, fugace, onirique, gratuite.

✷ Japonais encore le *kirigami* qui clôt cette section, art de la découpe : une simple feuille blanche entaillée au cutter. L'expérience est à la lisière finale du chapitre parce qu'elle ouvre sur le suivant, celui de la transgression : le papier n'est plus ici le support d'un encrage quelconque ; s'il s'y joue des tracés de lumière, c'est seulement dans ses béances. La brèche est ouverte.

gyotaku

On dirait une aquarelle réaliste ; c'est pourtant à la portée de tous, avec du simple papier de soie récupéré d'un emballage, un peu d'encre et un hareng du marché. À l'origine, il s'agit d'une coutume chez les pêcheurs japonais : garder la trace de leurs plus belles prises par une empreinte à l'encre de Chine. Puis la pratique est devenue un art, le *gyotaku*. Assez troublant de donner à un poisson trépassé une silhouette d'éternité en habit d'élégance...

MATÉRIEL

du papier de soie
un poisson du marché
de l'encre de Chine
un pinceau
un peu de pâte à modeler

Disposer le poisson bien à plat : la pâte à modeler sert à caler les nageoires pour qu'elles soient à la même hauteur que le corps afin de s'imprimer aussi sur le papier.

Recouvrir le poisson d'encre à l'aide du pinceau.

Déposer la feuille de papier de soie par-dessus et caresser le verso pour marquer une légère pression.

Retirer la feuille et observer l'empreinte.

Positionner une autre feuille et pratiquer une deuxième empreinte : elle sera plus claire, mais parfois plus distincte, faisant ressortir des détails qu'un excès d'encre peut noyer au premier tirage.

Procéder à une troisième empreinte et observer les différences.

Faire sécher les feuilles. Si on les expose longtemps en plein soleil, l'encre pâlira.

Le regard de la psy

ENCRER ET ANCRER LA VIE EN SOI

Cette technique est une façon d'immortaliser ce dont nous pouvons être fiers et ce que nous aimons : une fixation qui nous rassure face à l'angoisse de l'impermanence des choses (et surtout de notre vie). Le procédé d'empreinte évoque le processus psychique essentiel en début de vie, qui permet au bébé de transformer ses sensations et ressentis archaïques en pensées. Selon le psychanalyste W. Bion, la mère, grâce à sa « rêverie maternelle », accueille et convertit ces premières sensations (dits « éléments bêta ») en pensées (fonction alpha). C'est donc le langage, tout comme l'encre ici, qui permet d'inscrire, de donner forme à la sensation et de sédimenter ces ressentis qui vont s'ancrer corporellement et psychiquement.

cyanotype

Après l'empreinte par contact direct du *gyotaku*, une autre forme de monotype, qui consiste à soumettre un mélange de produits chimiques aux rayons du soleil, caché par un masque (ici un végétal), pour que la lumière fasse virer le fond au bleu, à l'exception des zones cachées. Le résultat est toujours une surprise, et la teinte cyan extraordinaire. Une fois que l'on maîtrise le processus, on peut remplacer le végétal par un tirage photo réalisé sur transparent.

MATÉRIEL

un kit pour cyanotype comprenant du ferricyanure de potassium et du citrate d'ammonium ferrique vert ou brun

deux seringues ou pipettes de 20 ml

un petit récipient

un pinceau large

des feuilles blanches de plus de 180 g (papier pour aquarelle)

des gants en plastique et un tablier

un cadre avec un verre de la taille choisie

une plante (en photo, une cymbalaire des murs)

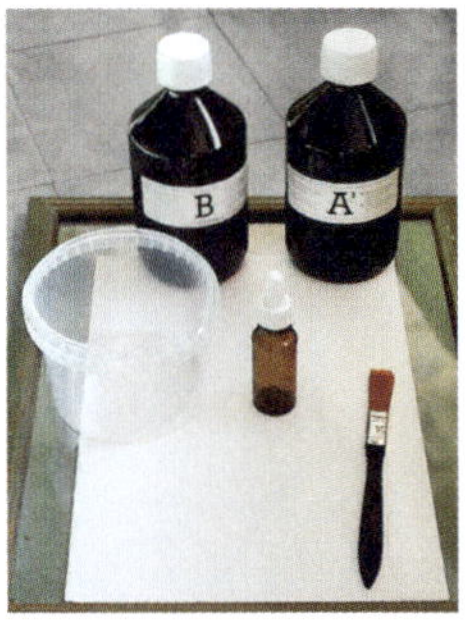

Le regard de la psy

Le bain révélateur

Tout comme le langage au sein d'une thérapie interroge le négatif en soi, dans cette technique artistique, que l'on peut considérer comme une métaphore du processus analytique, la lumière va permettre de donner un contour signifiant aux zones d'ombre. La relation au thérapeute et l'espace de confiance qu'il propose font office de bain révélateur de nos complexes et conflits refoulés.

S'installer dans une pièce sans lumière naturelle, éclairée à l'électricité, et enfiler gants et tablier.

Mélanger à parts égales le ferricyanure de potassium et le citrate d'ammonium ferrique. Tracer au pinceau trois bandes sur la feuille de papier. Laisser sécher.

Toujours dans la pénombre, disposer la plante choisie sur le fond peint et emprisonner le tout dans un cadre avec un verre maintenu bien serré.

Exposer ce cadre au plein soleil pendant 3 minutes.

Récupérer le papier, l'agiter dans un récipient d'eau, le retirer, puis le rincer à nouveau deux fois avant de l'égoutter. Faire sécher à plat.

L'image va apparaître, instant magique ! L'intensité du bleu de Prusse peut varier en fonction de la qualité du papier, du temps d'exposition et de la luminosité. Plusieurs essais seront sans doute nécessaires pour obtenir l'effet recherché.

décalcomanies de fantôme

Il existe des produits spécifiques pour réaliser des transferts d'images, mais ici on se contentera de matériel extrêmement simple : de l'adhésif transparent. L'effet recherché n'est pas la perfection de la reproduction, mais plutôt l'expérience de décollage des strates de papier encré, comme si l'on avait accès aux couches successives du personnage (celles dont nous sommes faits ?) jusqu'à toucher du doigt son fantôme... Trois variantes, trois facettes – qui dit vrai ?

MATÉRIEL

du ruban adhésif ordinaire, mais mat (d'une transparence légèrement opaque, un peu blanchie)

une photo sur papier journal (ici, un vieux roman-photo)

une feuille de papier blanc

des chutes de canisses

de la ficelle

une punaise

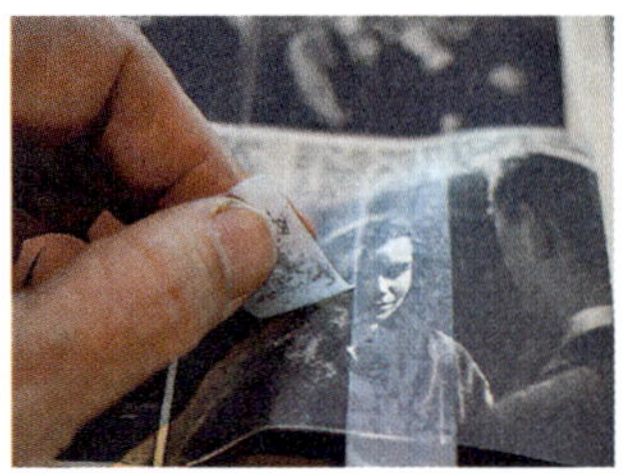

Choisir une photo sur un papier non glacé, ainsi que du ruban adhésif mat (celui qui est brillant est moins joli et arrache davantage le papier).

Découper un morceau de ruban adhésif, le coller sur l'image en appuyant modérément, puis le décoller délicatement et observer la part de l'image qui y reste collée. Si besoin, le remettre en place et maroufler du dos de l'ongle pour saisir une couche d'encre plus conséquente.

Coller ce morceau sur le papier blanc, et procéder ainsi, par bande, jusqu'à couvrir toute l'image souhaitée.

Renouveler l'opération jusqu'à ce que l'encre de l'image initiale ait été épuisée. (Ici, trois passages.)

Coincer la feuille blanche entre deux paires de bambous plats et les nouer ensemble aux extrémités pour constituer un cadre.

Le regard de la psy

Donner corps à l'absence

Ce geste créatif donne corps à l'absence : les visages, qui semblent surgir des limbes. Donner matière à l'absence, c'est redonner la parole à nos morts et tenter une symbolisation du trou qu'ils ont laissé. Ici, les contours de la personne s'effacent et deviennent irréguliers et incertains, renvoyant au spectre. Cela peut être une façon d'interroger le récit parfois flou ou absent concernant la disparition traumatique de certains ancêtres. Ces décalcomanies revisitent de façon poétique la question du fantôme dans les familles, ce que les psychanalystes Nicolas Abraham et Maria Torok ont appelé la « crypte » (lieu psychique inconscient).

suminagashi

L'art de la marbrure à la japonaise. Traditionnellement, on utilise de l'huile pour repousser l'encre, mais la technique est plus facile avec du liquide vaisselle. Le papier d'imprimante ne convient pas, il faut en trouver un qui boit l'encre. Si les premiers essais ne sont pas concluants, changer de papier (ça joue beaucoup), d'encre, de dilution du liquide vaisselle ou de façon de tenir le pinceau. On apprend en faisant, on s'améliore, mais la part d'aléatoire reste importante.

MATÉRIEL

des feuilles de papier poreux (idéalement, du papier de riz hosho, sinon du papier de soie ou des pages de roman de poche)

de l'encre de Chine

deux pinceaux fins

du liquide vaisselle

un plat

un petit récipient

Préparer un plat d'eau, l'encre, les deux pinceaux et diluer dans un petit récipient d'eau une petite goutte de liquide vaisselle.

Tremper un pinceau dans l'encre et toucher à peine la surface de l'eau (ne pas immerger les poils) : une tache claire apparaît.

De l'autre main, tremper l'autre pinceau dans l'eau savonneuse et toucher délicatement le centre de la tache : un cercle gris se forme, qui s'écarte.

Répéter cette opération autant que souhaité, presque à l'infini, pas forcément au centre : c'est fascinant ! Les maîtres japonais dessinent également à la surface avec une pointe ou agitent un éventail pour troubler les courbes.

Déposer une feuille de papier à la surface sans craindre de l'immerger, puis la retirer. La passer sous l'eau du robinet pour clarifier le contraste et éviter les bavures.

Laisser sécher.

Changer l'eau et recommencer.

Le regard de la psy

La guidance du hasard

Laissons-nous porter par le mouvement de l'encre et de l'eau, et nous serons témoins de ce qui se réalise sous nos yeux en termes de sérendipidité des fluides. Cette expérience créative symbolise l'art d'alchimiser le hasard au sein de nos vies, qui prennent souvent des contours et détours inattendus et s'impriment en nous comme autant de paysages marbrés et poétiques. À nous d'en percevoir la beauté.

expériences de kirigami

Moins connu que l'origami, le *kirigami* est l'art du papier découpé. Comme tout art japonais, il frise avec la spiritualité et requiert une perfection du geste dont la minutie nous échappe. Pour en toucher tout de même l'esprit par l'expérience manuelle, voici des suggestions de découpes intuitives qui ne demandent pas d'adresse particulière : faire confiance au cutter, malgré le tranchant intimidant, pour lui permettre de devenir pinceau. La lumière fera le reste.

MATÉRIEL

du papier blanc ordinaire

un cutter de précision

un martyr

un crayon

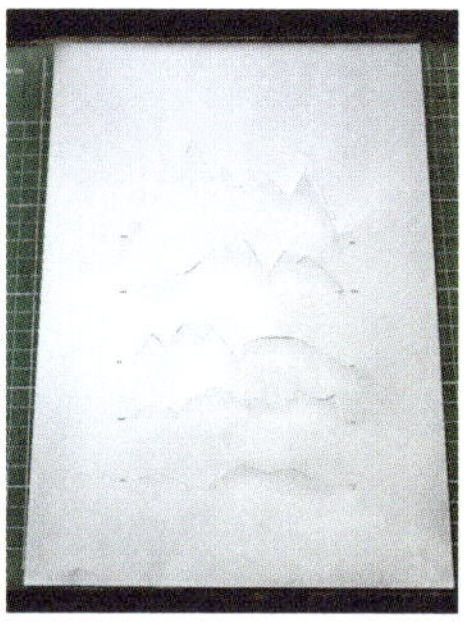

1 Découper une silhouette de personnage aux bras écartés, sans détacher la base des pieds.

Asseoir le personnage en pliant ses genoux et coincer ses mains dans ses jambes comme un tissage.

2 Tracer au cutter de simples zigzags souples sur une feuille, de haut en bas, un peu comme deux parenthèses démultipliées. Dressée verticalement avec un autre papier derrière, la feuille laisse les découpes se décoller et jouer avec l'ombre.

3 Pour réaliser les montagnes, tracer sur une feuille des petites marques par paires situées à la même hauteur, à 3 cm des marges, en laissant entre les paires des espaces irréguliers de 2 à 5 cm.

Tracer au cutter des découpes en forme de collines, au premier plan, puis de montagnes aux dénivelés plus amples, en arrière-plan.

Former des plis parallèles à l'endroit des petites marques, comme sur la deuxième image.

Déplier, prolonger au cutter la découpe de ce qui forme aussi des montagnes mais en creux.

Reformer les plis : on obtient deux fois plus de plans.

Le regard de la psy

Le plein et le vide

Voilà une belle représentation des forces opposées et complémentaires. Le plein et le vide, l'ombre et la lumière, la présence et l'absence, le fond et la forme, ici reliés, au fil des découpes. Le papier prend corps en deux dimensions et s'érige, laissant des plans invisibles à l'œil et pourtant présents. Ces forces contraires coexistent en nous et viennent constituer une réelle dynamique au sein de notre psyché.

2

Papiers détournés

Usages inhabituels : transgresser les règles

Quel est le point commun entre un ticket de métro, un essuie-tout, un dictionnaire, une cigarette, une affiche, un cerf-volant, un menu de restaurant, un billet de banque, un journal, une partition, une nappe de fête, une facture, une papillote de cuisson, une notice de médicament, une enveloppe, un bulletin de vote, l'étiquette d'un flacon, un sachet de légumes, un mouchoir, une barquette de fraises, un poème, un filtre à café, une contravention, un napperon de pâtisserie, une épreuve du bac, un gobelet, une guirlande d'anniversaire, un cahier d'écolier, un relevé de carte bancaire, un passeport, un jeu de société, un faire-part de mariage et un cornet de frites ? Ils sont tous faits en papier ! Donc dérivés d'un arbre. Et on y pense rarement.

3

La poésie du pas de côté

✷ Le papier a investi tant de territoires quotidiens que l'on n'y prête plus attention. Banal, jetable, brûlable, il revêt une cape d'invisibilité et se fait oublier en tant que tel. Et plus encore en tant que matériau noble et précieux qu'il fut autrefois. À moins qu'il soit bien épais, de grand format et consigné dans un beau carnet ou extrait d'un bloc dédié, on ne songe pas à en faire un support artistique. Ou alors avec un tout petit « a ». Or, la minuscule au mot « art » nous plaît bien, dans cette collection, car elle met celui-ci à la portée des mains débutantes, des ambitions modérées et des estimes de soi vacillantes.

✷ Pour ces expérimentateurs timides, le papier et ses mille et une déclinaisons bon marché seront du pain béni pour oser s'en donner à cœur joie en toute modestie. On se sent souvent plus libre (et donc plus inspiré) sur du papier brouillon plutôt que sur un beau papier vélin. Il s'agira donc d'un chapitre libératoire et un rien transgressif : dépasser les usages classiques du papier et s'emparer de supports inattendus pour faire un pas de côté.

✷ D'un point de vue psychologique, il s'agit de renoncer à certaines croyances limitantes, en prenant conscience qu'elles nous entravent et nous enferment dans un fonctionnement qui ne nous convient plus. La première étape est d'estomper notre propension à porter un jugement, lequel est en fait l'expression d'un besoin non satisfait. Ce jugement, que nous avons tous au bord des lèvres, est ce qui nous empêche de voir la poésie et la beauté partout, même dans les objets au rebut ou non considérés comme dignes d'attention. Suspendre ce jugement et laver notre regard de ses schémas prompts à catégoriser, c'est aussi s'autoriser l'aventure du non-jugement sur soi-même, et donc libérer le geste créatif.

✷ Pour s'y essayer, le premier atelier sortira d'une boîte à chaussures un morceau de papier de soie pour le transformer en guirlande lumineuse. La forme en fil de fer est volontairement très simple, comme les premières boucles tracées par une main d'enfant, et néanmoins une certaine grâce se dégage de ces petites ailes sans qu'il soit besoin de convoquer la performance.

✷ Le deuxième objet est plus insolite et minimal : on part d'un rouleau d'adhésif, on arrache des petits morceaux, et une forme naît sous les doigts dont on peut faire un abat-jour qui ne cache pas ses cicatrices et ne fait pas de complexes de ses hanches larges et irrégulières. Atelier facile et amusant.

✷ L'art postal proposé ensuite détourne la fonction purement utilitaire (et désormais désuète) du courrier pour faire de l'enveloppe non plus un simple contenant de transport, mais un support artistique en soi. Geste gratuit. Or, dans la gratuité s'ébroue la liberté.

✷ La lampe en sachets de tisane relève du courant de *tea art* dans l'air du temps : récupérer ses sachets d'infusion pour en faire des supports originaux, et légèrement teintés, de graphismes ou autres compositions. Encore un support modeste qui ouvre le champ des possibles à peu de frais.

✷ On terminera par une boule à neige annonciatrice du chapitre suivant, puisqu'elle se pique de faire de la neige avec de la pulpe de papier, douce charpie qui a perdu le statut de feuille. Ça donne envie de réduire le papier en bouillie nuageuse, et ça tombe bien, puisque c'est ce qui nous attendra ensuite...

guirlande en papier de soie

Originaire du Japon, pays des lanternes et des cerfs-volants, le papier de soie est fabriqué à partir de branches de mûrier et traditionnellement poli à l'agathe, ce qui lui confère cette délicatesse et cette légère brillance veloutée. Il quitte ici la boîte à chaussures pour se faire ailes d'ange, diaphanes et gracieuses comme des voiles de vaisseaux célestes. Le papier a toujours été associé à nos rêves d'envol – capter le souffle de l'air et s'affranchir de la pesanteur…

MATÉRIEL

une guirlande à piles de 20 LED blanc chaud
du papier de soie blanc
du fil de fer argenté de 0,5 mm de diamètre
une pince coupante
des ciseaux
un double décimètre
de la colle blanche

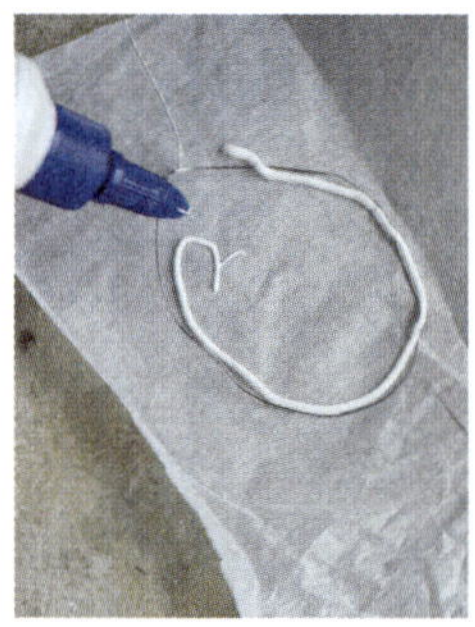

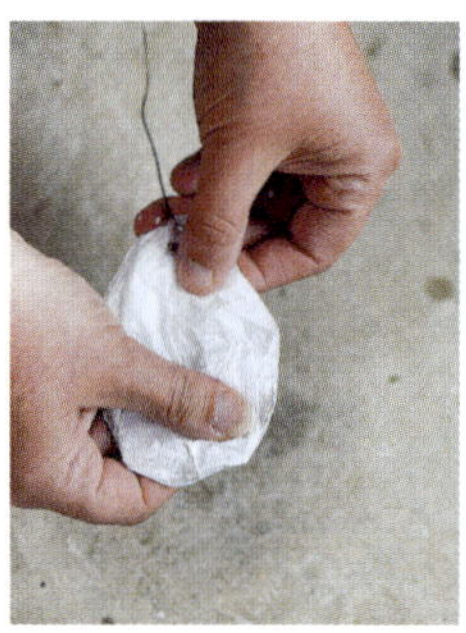

Former avec le fil de fer 15 pétales de 8 x 6 cm environ.

Découper 30 feuilles de papier de soie de 10 x 8 cm environ.

Déposer une feuille de papier de soie sous un pétale en fil de fer. Mettre de la colle blanche sur le fil ou juste à côté, puis replier le papier de toutes parts afin d'envelopper le pétale, en ajoutant de la colle là où c'est nécessaire.

Renouveler l'opération avec une seconde feuille par pétale, et procéder ainsi pour tous.

Entortiller la tige de chaque pétale autour de la guirlande sur quelques centimètres et couper l'excédent à la pince.

Accrocher la guirlande et l'allumer : certaines petites LED viendront scintiller sur le papier, d'autres le faire luire en transparence par-derrière.

Le regard de la psy

Papier de soi

Pour le psychologue, le soi est la façon dont nous nous définissons, dont nous décidons de ce que nous sommes : ce que je suis. Il faut distinguer le moi et le soi, le moi n'étant que le sujet de ma conscience, alors que le soi est le sujet de la totalité de la psyché, y compris l'inconscient. L'approche holistique consiste à prendre en compte la personne dans sa globalité plutôt que de la considérer de manière morcelée. Elle comprend ses dimensions physique, mentale, familiale, sociale et spirituelle.

abat-jour en kraft adhésif

On dirait presque qu'on est en train de faire une bêtise : dérouler un rouleau de gros adhésif et s'emparer des petits bouts pour les coller ensemble, sans dessin préalable. Le rouleau lui-même engendre la forme de l'abat-jour, à rebours de son usage habituel. On pourrait faire ça des heures, à l'infini, comme un enfant qui déroule du papier toilette dans la maison, juste pour voir. Il en résulte une forme diaphane qui laisse joliment voir les déchirures en transparence.

MATÉRIEL

un rouleau de kraft adhésif large (même entamé : ce sera moins lourd)

une pique à brochette en bois

des paillettes dorées

un kit électrique de plafonnier (douille, câble, ampoule)

Déchirer des morceaux d'adhésif kraft et les coller à l'intérieur du rouleau en les faisant dépasser pour former une collerette de 2 cm.

Coller les morceaux suivants sur l'extérieur de la collerette, face collante à l'intérieur. Poursuivre ainsi en évasant la forme progressivement sans se soucier de la régularité des morceaux, mais en veillant à donner une forme harmonieuse, bien que pas nécessairement symétrique, à la sculpture.

Finir par une bordure à peu près rectiligne.

Saupoudrer des paillettes à l'intérieur, qui est adhésif.

Briser en deux la pique à brochette. Mesurer la largeur de la douille et celle de sa collerette amovible censée retenir un abat-jour. Perforer le col de l'abat-jour juste en dessous du rouleau de façon à y glisser les deux bâtonnets de chaque côté de la douille, en appui sur la collerette. Visser l'ampoule pour voir apparaître les chevauchements du kraft.

Le regard de la psy

ORTHODOXIE & AVENTURE

Cette réalisation demande de sortir de nos formatages habituels, de ce que l'on nous a transmis comme étant la norme à propos de ce qui est beau ou ne l'est pas, de ce qui a une belle forme ou de ce qui « ne ressemble à rien ». Osons dans nos vies la dissymétrie, le déséquilibre, afin de rester disponibles à l'inattendu et au cadeau des surprises sur le chemin.

art postal

À l'heure des textos tapotés du pouce entre deux portes, faire le choix d'envoyer un vrai courrier papier et saisir l'opportunité pour décorer l'enveloppe en tant qu'objet, c'est presque un geste subversif ! L'art postal, qui a eu de belles heures derrière lui, propose d'utiliser une enveloppe comme surface de création avec comme seule contrainte d'intégrer un timbre et une adresse. Une autre façon de faire passer le message, ancré dans la matière.

MATÉRIEL

une enveloppe blanche

du washi-tape à motifs, coloré ou doré

de la colle blanche

un dessin découpé dans un magazine

des stylos ou feutres de couleur

un crayon à papier

un timbre ancien (au verso)

Le regard de la psy

LE COURRIER DU CŒUR

Écrire une lettre à la main engage corporellement, émotionnellement et esthétiquement. Dans cette réalisation, le plaisir est partagé à la fois du côté de l'expéditeur, qui décore son enveloppe, et du côté du destinataire, qui va recevoir plus qu'une lettre : une création fine et personnalisée. En effet, l'expéditeur réalise son dessin/collage en conscience et en posant une intention particulière en pensant au destinataire. Ici, l'adresse prend toute sa double dimension au sens propre et figuré, car elle symbolise et matérialise le lieu de l'autre en tant qu'espace psychique et en tant que territoire.

Réaliser une composition en juxtaposant les différents éléments.

Coller tout d'abord les morceaux de washi-tape, le timbre et l'image découpée.

Terminer par les dessins. Partir d'un collage facilite l'inspiration : au recto, l'auréole décore le dessin des personnages et, au verso, le griffonnage prolonge la Marianne du timbre.

Raphaële VIDALING
2 rue des rêves
Le Pays sans nom
COTE FRANCAISE DES SOMALIS
RF
25F
0,30

lampe en sachets de tisane

Le papier a tellement investi notre quotidien qu'il en devient invisible de banalité. On le retrouve jusque dans nos tasses, sous la forme de sachets. Le « *tea art* » est dans l'air du temps : plasticiens et autres expérimentateurs de beauté insolite s'emparent de ce support sauvé *in extremis* de la poubelle. Le détournement proposé ici joue de cette matière translucide comme s'il s'agissait de petites poches où l'on cache des trésors.

MATÉRIEL

16 grands sachets à infusion rectangulaires

de la tisane à l'hibiscus (en guise de teinture)

une coupelle

des épices décoratives (curcuma moulu, étoile de badiane...)

de la colle blanche

des baguettes chinoises

huit fleurs de nigelle séchées

huit épingles de couture

un petit pied de lampe équipé d'un kit électrique

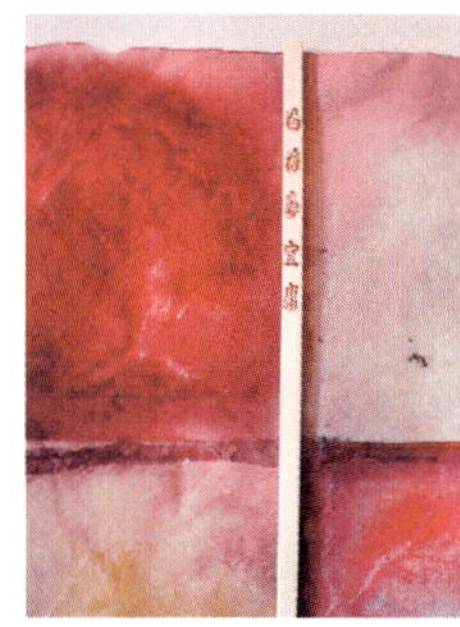

Le regard de la psy

La saveur de l'instant

Ce qui teinte les sachets n'est pas seulement l'hibiscus, mais aussi les paroles de ces longues discussions entre amis ou en famille échangées à l'heure du thé. En outre, la lumière tamisée à laquelle cette lampe aboutit favorise les échanges intimes et profonds. Un atelier qui invite à prêter attention au caractère précieux de ces moments ordinaires.

Faire infuser la tisane à l'hibiscus dans une coupelle d'eau chaude et y tremper quelques grands sachets d'infusion, plus ou moins longtemps en fonction de la teinte souhaitée (15 secondes, c'est déjà bien).

Introduire du curcuma en poudre dans d'autres sachets pour obtenir du jaune, laisser infuser un peu. Bien les étaler à plat, par exemple sur une toile cirée, et laisser sécher jusqu'au lendemain.

Quand c'est sec, alterner des sachets vides et d'autres garnis d'ornements comme des fleurs d'anis étoilé. Les coller bord à bord en faisant deux séries de huit, ouverture vers le haut, puis coller ces deux bandes l'une à l'autre.

Coller les baguettes chinoises sur la hauteur toutes les deux rangées et refermer le cercle pour constituer une tour. Prévoir un petit espace en bas pour laisser passer le câble électrique (on peut pratiquer une encoche).

Glisser les fleurs de nigelle dans l'ouverture des sachets de tisane et les épingler pour les fixer grâce à leur petite tige. Placer la lampe à l'intérieur.

boule à neige en pulpe

Mais où est le papier ici ? Dans le petit bateau en origami. Et surtout dans la mer de pulpe au fond, une matière fascinante, base de toute fabrication du papier, et qui vous donnera envie de passer au chapitre suivant. Dès qu'on l'agite, la boule devient totalement opaque, et elle met de longues heures avant de laisser apparaître le petit arbre de thym. De quoi méditer sur les vertus toutes symboliques de la décantation : laisser lentement retomber ce qui nous trouble.

MATÉRIEL

un bocal qui ferme (si possible sphérique)
du papier
un mixeur
un petit morceau de papier métallisé (cadeau ou bonbon)
des ciseaux
de la colle forte en tube (voire de la colle en pâte Epoxy)
deux pinces à linge
un brin de thym
des petites perles corail
une pince à épiler
une bille de polystyrène

Déchiqueter le papier et le mixer avec de l'eau jusqu'à obtenir une belle pulpe aux allures de nuage, colorée ou non (ici, en bleu-violet).

Découper un petit morceau de papier cadeau métallisé (à défaut, du papier d'aluminium) de 2 x 3 cm environ et le plier en forme de bateau. Mettre deux points de colle aux extrémités pour assurer le pliage et laisser prendre sous serrage avec deux pinces à linge.

Choisir un brin de thym de la bonne taille, le tester pour qu'il prenne l'allure d'un arbre. Le coller au fond du couvercle (la colle Epoxy en pâte rend l'opération très facile).

L'orner de petites perles corail collées à la colle forte, en s'aidant d'une pince à épiler.

Mettre un peu de pulpe dans le bocal, puis de l'eau, le bateau avec une bille de polystyrène coincée à l'intérieur pour assurer la flottaison, puis visser le couvercle avec l'arbre, retourner et attendre... jusqu'au lendemain.

Le regard de la psy

LE LIEU DU SOUVENIR

Cette boule à neige est un concentré de précipités symboliques ! Elle est posée sur l'étagère, sous nos yeux. Par moment, on la secoue comme pour agiter la mémoire ancienne, celle de l'enfance. Un objet dépositaire de souvenirs qui se sont sédimentés au fil des années au sein de notre psyché comme autant de traces impalpables. Ils décantent et diffusent en nous en silence...

Papier matière

Régression vers la pulpe des origines

Il y a principalement deux manières de fabriquer du papier : à partir de chiffons ou en broyant des fibres végétales. Pendant plus d'un demi-millénaire, l'histoire du papier en Occident a reposé sur le petit peuple des chiffonniers, qui allaient de village en village collecter des haillons. L'explosion du succès du papier, au XIXe siècle, pose le problème de l'approvisionnement : la masse de tissus usagés disponibles n'est pas extensible. On se tourne à nouveau, alors, vers la pâte à bois, technique qui avait déjà été mise au point en Chine au tout début de l'histoire du papier, à partir des branches de mûrier. Dans les deux cas, on part d'une matière fibreuse et solide que l'on réduit en pâte, puis que l'on affine.

4

L'enfance de l'art

✷ Dans ces pages, après avoir bien joué avec le papier décoratif, support d'empreintes et détourné, forcément, on ne pouvait qu'avoir envie de fabriquer soi-même son papier. Pour préparer ce livre, nous nous y sommes collées selon les techniques traditionnelles, mais elles nous ont paru un peu trop compliquées pour être expliquées ici. Pour rester dans l'esprit de simplicité et d'aventure à la portée de tous, nous avons fait le choix d'en rester au papier recyclé : fabriquer ses propres feuilles à partir de papier déchiqueté.

✷ Nous entrons donc dans l'expérience de la régression, thème de tous les avant-derniers chapitres de cette collection qui calque le parcours thérapeutique : pour opérer un changement en soi et donc une transformation psychique, la psychanalyse fait le pari qu'un passage par la régression est nécessaire, notamment par le rêve, afin d'avoir accès aux désirs refoulés et inconscients. Or, la création est un espace de rêverie engageant tant sur le plan sensoriel que psychique. Le geste créatif permet, en rencontrant la matière, de mettre en forme ce qui nous habite intérieurement via la manipulation.

✷ Il s'agit donc ici de plonger les mains dans la matière jusqu'aux poignets, une matière rendue à l'état de bouillie à modeler qui réveille notre enfant intérieur et lui promet qu'il va bien s'amuser. Car la patouille, c'est toujours joyeux ! Souvenir de bouillasse improvisée, de pâte à sel à pleins doigts dodus, de dînette d'herbe et de gadoue, de pâtés de sable et de soupe aux cailloux – miam !

✷ On commencera donc par le papier mâché, un vrai retour aux joies infantiles, puisqu'il s'agira de réduire en purée du papier toilette trempé dans une cuvette. Le défi ? En faire malgré tout une coupelle élégante qui assume sa texture brute.

✷ On découvrira ensuite qu'en ajoutant du ciment à cette pulpe on obtient ce que les anglophones appellent « papercrete », un matériau aussi léger et souple que le papier mâché, mais qui peut servir à réaliser des objets très solides qui résistent aux intempéries. Le clin d'œil à l'enfance se poursuivra, puisqu'il s'agira de réaliser un Jizô, divinité japonaise aux allures de poupon. Mais déjà la pâte prend forme et s'élabore.

✷ La pulpe s'affinera encore dans l'atelier suivant, qui consistera à fabriquer sur un tamis de vraies feuilles à partir de papier déchiqueté et réduit en pulpe liquide. Expérience aussi facile que satisfaisante, on vous le promet ! Et qui donne envie d'essayer toutes sortes de variantes : avec inclusion de végétaux, de paillettes, de reliefs, en mélangeant les pâtes, etc. Quelques pistes d'inspiration seront fournies, il n'y a plus qu'à tirer sur le fil.

✷ Enfin, les fleurs de papier donneront une forme courbe à ces feuilles faites maison, comme un appel irrésistible des mains à ne pas se contenter de produire un simple support plat mais à créer du volume. On sent pointer le désir d'élaboration, qui ouvrira sur le tout dernier chapitre.

coupelle en papier mâché

Drôle d'expression que le papier mâché (et qui existe telle quelle en anglais), comme s'il fallait mastiquer le papier en bouche pour obtenir de la bouillie ! Elle participe de la connotation enfantine de cette pratique, bien répandue depuis des siècles : on en a fait des bijoux, des masques et même des meubles. En voici la recette vraiment de base pour une réalisation toute simple afin de laisser la matière – blanche, douce, molle – libre de vous inspirer d'autres projets.

MATÉRIEL

deux rouleaux de papier toilette

trois cuillerées à soupe de colle à tapisserie

une bassine d'eau

une autre bassine

du film étirable

un mixeur

un morceau de gaze ou de moustiquaire

une coupelle

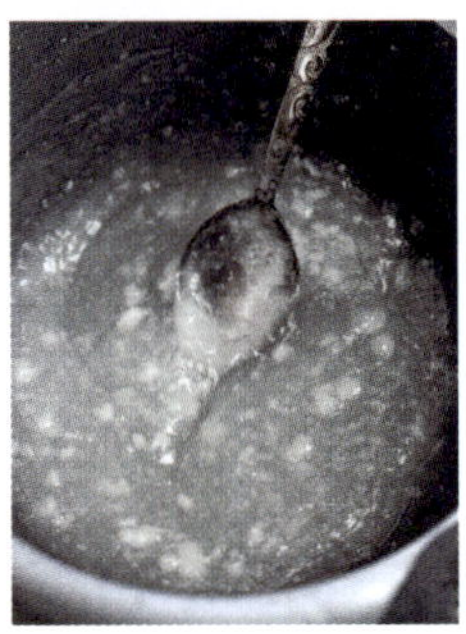

Faire tremper les rouleaux de papier toilette dans la bassine d'eau après avoir extrait le tuyau de carton central.

Les retirer de l'eau et les réduire en bouillie avec les mains.

Essorer la pulpe ainsi obtenue à l'aide de la gaze ou de la moustiquaire.

Dissoudre la colle à tapisserie dans un récipient d'eau en suivant les explications du paquet ; laisser reposer le temps indiqué.

Quand la colle est bien lisse, la mélanger avec la pâte à papier essorée.

Recouvrir l'intérieur de la coupelle de film étirable.

Tasser la pâte à papier dans ce moule, sur une épaisseur régulière même si la matière reste un peu grumeleuse.

Laisser sécher pendant plusieurs jours au soleil, puis démouler.

Le regard de la psy

Le plaisir de la régression

En latin, regressio *signifie « retour », « marche en arrière ». Pour un psy, le plaisir de la patouille avec une purée de papier toilette renvoie forcément au stade anal, la deuxième phase du développement psychique de l'enfant, de 18 mois à 3 ans. Elle correspond aussi à la gestion de la perte, puisqu'une partie de soi s'échappe. Qu'est-ce qui se rejoue en nous quand nous rejouons à ces plaisirs intimes infantiles ? Mystère et justesse de l'expérience, parions-le…*

Jizô en papercrete

Le papercrete est un matériau étonnant, breveté en 1928, utilisé surtout par les Anglo-Saxons pour réaliser des jardinières d'extérieur à l'aspect de pierre. Comme son nom l'évoque, c'est une sorte de papier mâché, mais additionné de ciment. Il donne ici forme humaine à une grosse pierre afin de représenter un Jizô, ce bouddha dédié à l'enfance que l'on voit très souvent au Japon, en pleine nature (chercher sur Internet celui du temple de Sanzen-in pour inspiration).

MATÉRIEL

des boîtes d'œufs (ou autre papier à recycler)
un récipient
une passoire
un mixeur plongeant
du sable
du ciment
une grosse pierre

Le regard de la psy

La mise au monde

Jizô Bosatsu protège les âmes égarées, notamment celles des enfants morts très jeunes qui errent dans les limbes. Ces statuettes sont très fréquentes au Japon ; on les reconnaît au bonnet rouge et au bavoir dont elles sont souvent affublées. Celle-ci est réalisée dans un matériau qui résiste aux intempéries. Or, exposer sa création, et plus encore à l'extérieur, est un geste qui n'est pas anodin : c'est accepter de lâcher son objet fini, comme les parents se séparent de leurs enfants à l'âge où ils s'envolent de leurs propres ailes pour trouver leur place dans le monde.

Déchiqueter les boîtes d'œufs et les mettre à tremper pendant quelques heures dans un récipient d'eau.

Réduire ces miettes de papier en bouillie à l'aide d'un mixeur plongeant, puis presser dans une passoire pour ne conserver que la pulpe humide.

Mélanger trois volumes de pulpe, un de ciment, deux de sable et de l'eau en quantité suffisante pour obtenir une pâte homogène facile à travailler.

Mouiller une grosse pierre et la recouvrir partiellement du mélange mixé, après en avoir mis de côté pour former les yeux et les bras.

Modeler le visage au doigt, ajouter des bras et les lisser.

Souffler un peu de sable dessus pour accentuer le côté rustique, puis laisser sécher. Le mélange résiste très bien à l'extérieur (en page de droite : état après un an au jardin). On peut aussi inviter de la mousse à pousser dessus.

papier recyclé

Faire son papier soi-même ouvre un monde de possibles. La feuille devient pâte, puis on la façonne, on l'assèche, elle se décolle du tissu et redevient par miracle fine feuille, encore maladroite comme un Bambi nouveau-né. Magique ! Ensuite, tous les ajouts sont permis, d'infinies combinaisons de textures...

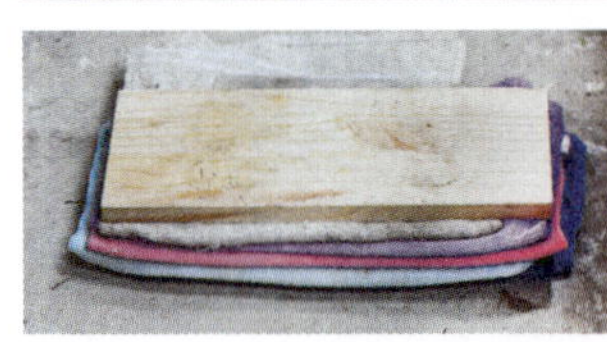

MATÉRIEL

du papier non glacé

d'éventuelles petites décos à incruster (pétales, paillettes, fil, confettis...)

un mixeur

un cadre tendu de moustiquaire

un autre cadre vide

une bassine d'eau

une éponge

des morceaux de tissu

des torchons absorbants

deux planchettes

un étendoir et des pinces à linge

un poids

Déchirer le papier en petits morceaux. Le recouvrir d'eau bouillante et le passer au mixeur (plongeant ou blender) jusqu'à obtenir une bouillie.

Verser celle-ci dans la bassine en complétant avec un grand volume d'eau froide. Remuer la pulpe.

Plonger les cadres en positionnant celui qui est vide par-dessus celui qui fait tamis. L'agiter sous l'eau à l'horizontale, puis le faire émerger et vider l'excédent d'eau. Ce geste détermine l'épaisseur de pulpe que l'on choisira de mettre, et donc l'épaisseur du papier. C'est à ce moment que l'on peut ajouter sur la feuille humide d'éventuelles décorations ou encore verser sur le tamis une pulpe d'une autre couleur.

Retirer l'excédent d'eau en passant l'éponge en dessous.

Ouvrir le cadre, poser un morceau de tissu fin sur la pulpe humide et presser l'éponge (sans frotter).

Retourner le tout sur un torchon absorbant posé sur une planchette. Décoller délicatement du tamis le tissu sur lequel le papier s'est collé. On peut aussi incruster une déco à ce stade.

Répéter l'opération en intercalant un torchon entre chaque feuille. Fermer le tas avec l'autre planchette et presser fortement (en se mettant debout dessus).

Faire sécher les tissus sur un étendoir, puis en décoller les feuilles et à nouveau les presser sous un poids si l'on souhaite qu'elles soient bien planes.

variantes de papier maison

Une fois qu'on a trempé les mains dans le bain magique de pulpe aux allures de nuage liquide, on ne peut plus s'arrêter. On a envie d'y inclure des feuilles mortes, des fleurs, des dentelles, des paillettes d'or, des graines à faire germer, des pelures de n'importe quoi ! On devient pâtissier d'un millefeuille non comestible, fabricant magicien, alchimiste papetier : la matière prend forme en finesse, promesse de carterie, de luminaires, d'œuvres rustiques et douces...

MATÉRIEL

le même matériel qu'aux pages précédentes

\+

lettres en relief

pulpe de papier colorée

morceau de fil

brindilles

paille

cendre

fleur séchée

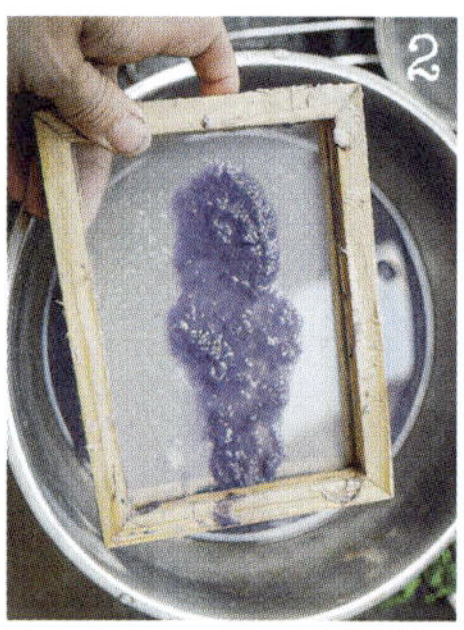

1 Pour réaliser l'embossage, on a procédé comme indiqué aux pages précédentes, puis on a posé sur la feuille humide des lettres découpées en carton et on a pressé jusqu'au séchage.

2 En dessous, il s'agit de deux pulpes de papier recyclé de couleurs différentes, l'une et l'autre versées sur le tamis à l'aide d'un verre, avec, à gauche, l'incrustation d'un reste de fil à coudre emmêlé.

3 En bas à droite, quatre brindilles ont été posées sur une première fine couche de papier (réalisé comme indiqué aux pages précédentes), aussitôt recouverte d'une autre fine couche, le tout bien pressé.

4 En haut à droite, c'est une expérience de papier uniquement réalisé à partir de fine paille cuite pendant 2 heures dans un faitout d'eau avec un verre de cendre (pour décomposer la cellulose), mixée au robot, puis filtrée sur le tamis habituel, avec une fleur séchée ajoutée à la fin, puis pressée.

Le regard de la psy

Reliance

La reproduction d'un savoir-faire traditionnel évoque la transmission psychique transgénérationnelle. À nous d'élaborer et de faire nôtre, ou pas, ce que nous ont transmis nos ancêtres à travers le récit du « roman familial ». Héritant de ce matériau psychique familial, nous avons la possibilité de créer notre propre vie à partir de celui-ci, une fois dégagés des identifications et loyautés invisibles inconscientes envers nos aînés.

1

4

2

3

fleurs piquées au mur

Le pari : faire œuvre gracile à partir d'un magma. La pulpe dans la bassine offre l'expérience d'un matériau étrange, velouté, opaque, fuyant, dont rien ne reste entre les doigts quand on cherche à le filtrer. Seule l'écumoire retient assez de fibres pour qu'au séchage, comme par enchantement, le tissage prenne corps et devienne corolle. Des fleurs si légères qu'on a envie de les laisser s'envoler du mur, à peine retenues par une épingle qui dessine de belles ombres.

MATÉRIEL

du papier non glacé
un mixeur
des bassines d'eau
une écumoire fine
une tasse
une éponge
des bouts de tissu
des supports semi-sphériques de tailles variées (bol, boule à thé, galet...)
des épingles à tête en perle (petites et grosses)
des petits élastiques (dentaires ou à bracelet)

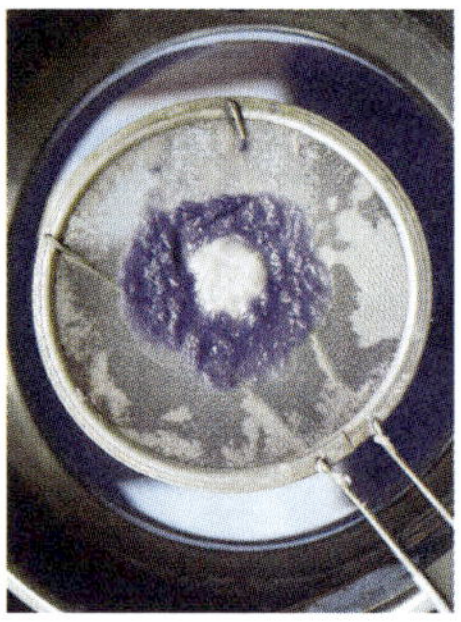

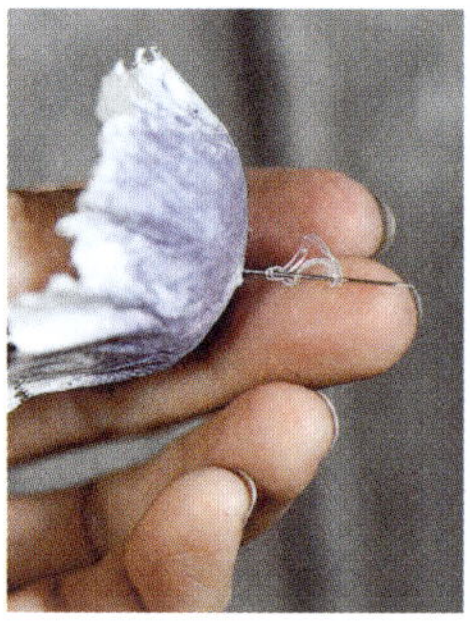

Déchiqueter le papier en petits fragments. S'il y a plusieurs couleurs (sur la photo, du papier de soie blanc, du papier d'emballage recyclé gris et du papier violet d'une cagette de melons), préparer trois bains différents.

Le mixer avec de l'eau bouillante pour obtenir une pulpe et la diluer dans chaque bassine avec de l'eau froide.

Verser un peu de pulpe dans l'écumoire à l'aide de la tasse.

Recouvrir d'un morceau de tissu, bien appuyer avec l'éponge pour extraire l'eau, puis retourner le tissu sur la forme semi-sphérique et presser à nouveau avec l'éponge.

Réitérer l'opération en panachant les tailles. On peut superposer les tissus.

Réaliser des petites boules avec la pulpe. Tout laisser sécher.

Décoller les corolles de papier et les emboîter, cœur de boulette compris. Les traverser d'une épingle retenue par un élastique au dos, puis les piquer au mur.

Le regard de la psy

De l'informe à la fleur

« Ça commence par une idée et puis ça devient tout autre chose », disait Pablo Picasso à propos de son travail de peintre. Partir d'une idée – pure abstraction élaborée par l'esprit – et aboutir à une « chose », bien réelle, dans la matière, et si possible une chose « autre », qui nous a fait faire un pas de côté : n'est-ce pas là le fascinant parcours de l'expérience créatrice ? Arriver pile là où l'on ne savait pas qu'on allait...

Papiers d'identité

Soulever le voile & oser s'exposer

L'un des paradoxes du papier est qu'il est un matériau qui a parfois beaucoup de valeur et d'autres fois aucune. D'une matière comparable sont faits l'emballage gras qui part à la poubelle et le billet de banque. Dans le champ symbolique, même grand écart : un bout de papier à la fois ne vaut rien et pourtant accrédite. Qui aurait peur d'un « tigre de papier », comme dit l'expression chinoise ? Et pourtant, c'est sur du papier que se consignent les actes les plus sérieux de notre existence : mariage, contrat de travail, acquisition devant notaire. Les sans-papiers sont véritablement sans statut, sans existence légale. Par métonymie, « vos papiers ! » en sont venus à désigner la preuve de notre identité. Belle ascension sociale pour une bouillie de fibres à la merci d'un briquet !

5

L'espace où déposer de soi

✷ « Les paroles s'envolent, les écrits restent », dit le bon sens populaire. Une déclaration d'amour sur lettre manuscrite n'a pas la même valeur que proférée à l'oral ; une insulte non plus : « C'est écrit noir sur blanc. » Il a beau s'effacer dans la blancheur de la modestie, le papier n'en reste pas moins intimidant – en témoignent tous les angoissés de la page blanche. En outre, à la différence du parchemin et du fichier informatique, les plis, les taches et les ratures le marquent irrémédiablement, comme la vie marque notre peau et y inscrit son histoire.

✷ On trouvera donc souvent plus facile de griffonner librement dans les marges, au verso d'une enveloppe ou dans un cahier de brouillon plutôt que sur les pages crème d'un beau carnet tout neuf. Il faut de l'audace pour écrire ou peindre « je » du bout de la plume. Si un petit enfant se jette volontiers sans crainte dans le grand bain de la page blanche, tel un nouveau-né dans l'eau, avec l'âge, il se fabrique toutes sortes de résistances et de croyances limitantes. *Je ne suis pas capable, je ne sais pas quoi dessiner, je n'ai rien à dire...* À l'âge adulte, le geste créatif est parfois complètement rouillé par toutes ces résistances.

✷ C'est pourquoi ce livre a commencé par des manipulations de papiers déjà jolis en soi (chapitre 1) ou livrés au hasard de l'empreinte d'autrui (chapitre 2), puis a proposé des jeux avec des papiers sans valeur dans le chapitre 3 (adhésif, papier de récup, sachets de thé...), avant de carrément le déchiqueter au chapitre 4. Mais, à présent, nous voici arrivés sur le plongeoir du grand bain. Le papier, il va bien falloir oser inscrire quelque chose dessus ! Un peu comme la dernière étape d'un processus analytique : on tourne autour du pot en examinant passé et présent, mais en fin de parcours, l'objectif, c'est de sortir du cabinet et de vivre sa vie, pleinement.

✷ Pour que l'eau du bain ne paraisse pas trop froide, le premier atelier consiste en un assemblage de collages. C'est tout aussi créatif que le dessin mais moins intimidant. Le coup de patte sera le talent d'unification des morceaux épars.

✷ On goûtera ensuite l'audace d'écrire, dans le projet suivant, en marchant sur les traces d'un auteur : dessiner sur une page écrite des contours de mots afin d'énoncer son discours en appui sur celui d'un autre. On progresse dans la prise de risques !

✷ L'exercice de couture sur photo invitera à atteindre le cœur du sujet, c'est peu de le dire, puisqu'il s'agira de coudre le cœur du ou des personnage(s). Symboliquement, il faut de l'audace pour perforer une photo et pour inscrire d'un fil rouge son propre parcours en relief par-dessus l'héritage des aînés.

✷ Le carnet accordéon proposé ensuite est une façon d'exprimer ses émotions, mais sous une forme imagée, peut-être plus facile qu'un journal intime. Cependant, déjà les choix esthétiques parlent et révèlent.

✷ Le dernier atelier est un ultime jeu de voiles avec du papier cuisson dévoyé en papier calque, dont les couches successives à la fois masquent et désignent un dessin de nu en sandwich de brins de nature. Comme un petit tour de piste *fissa* en tenue d'Ève avant d'oser le strip-tease de l'âme. Car le véritable dernier chapitre n'est pas dans ce livre mais entre vos mains : dans votre désir d'aller au bout de vos ambitions créatives et d'oser apposer votre signature au bas de la feuille...

collage & techniques mixtes

Faire l'épreuve de la liberté : laisser les matériaux s'organiser d'eux-mêmes dans un hasard relatif. La composition qui apparaît correspond à ce qui habite la conscience à ce moment-là, et probablement aussi l'inconscient. Il existe toujours un décalage entre ce qu'on imagine créer et le résultat final. Tout comme le processus photographique, l'image perçue par la rétine n'est jamais celle qui apparaît dans le bain révélateur. Une façon de se révéler à soi-même.

MATÉRIEL

textes et images découpés dans un ancien dictionnaire et dans des magazines

papier kraft en fond

filtres de tisane en chanvre (magasin bio)

dentelle blanche

végétaux séchés (monnaie-du-pape, gypsophile...)

peinture aquarelle

petite pince à linge

fils de couture noirs et vert foncé

aiguille

pinceau

ciseaux

colle blanche

une bougie

Le regard de la psy

Du lâcher-prise à la surprise

Ce type de création demande un lâcher-prise et donc une certaine tolérance face à l'incertitude du comment, avec quoi et pour réaliser quoi. Lao Tseu écrit : « Lorsque je me laisse aller à ce que je suis, je deviens ce que je pourrais être. »

Découper les extraits de pages, soit de façon rectiligne, pour les textes, soit en suivant les contours courbes d'une image.

Sur un fond neutre (ici un papier kraft), positionner les éléments par chevauchement en commençant par les plus grands, pour finir par les détails (à gauche, un autre exemple de réalisation).

Privilégier la dissymétrie. Imaginer que cette image à plat est un mobile : quelle zone charger davantage de motifs si l'on veille à l'équilibre visuel ?

Coller les éléments ou les coudre en laissant les coutures apparentes. La maladresse est assumée.

Unifier par des taches d'aquarelle qui forment une continuité de couleurs par-dessus la diversité des matières.

Terminer par quelques gouttes de cire qui évoquent le sceau et atténuent la pointe d'un angle.

BAL
ballon sphérique
manchon
nacelle
ancre
sacs de lest
guiderope

poème en papier peint

L'exercice pourrait avoir été soufflé par l'Oulipo (groupe de recherche littéraire pratiquant des jeux d'écriture sous contrainte) : il s'agit de s'emparer d'un texte publié, une page de livre, pour oser tailler dans cette matière verbale un autre propos, le sien. Expérience jubilatoire et transgressive, moins intimidante que la page blanche, qui procède du griffonnage, cet art mineur en marge du tableau et en marge aussi de la pensée consciente.

MATÉRIEL

une page de livre de texte
un feutre noir fin
un pinceau
de l'aquarelle

Choisir une page de livre. On peut choisir un auteur que l'on affectionne pour marcher dans ses pas ou, au contraire, n'importe quel texte, y compris non poétique, puisque le défi sera d'y inventer de la poésie.

Lire le texte et sélectionner des mots isolés ou des groupes de mots qui font sens, et si possible qui font émerger un autre sens.

Les entourer au feutre fin.

Peindre à l'aquarelle (avec très peu d'eau pour ne pas faire gondoler le papier) les parties à recouvrir pour qu'émergent les mots choisis.

À gauche, un autre exemple uniquement au feutre noir.

Le regard de la psy

Faire vivre l'autre en soi

L'identification est le processus par lequel une personne se transforme, de façon provisoire ou permanente, en assimilant un trait ou un attribut, partiel ou total, d'une autre personne. C'est ainsi que va se former la personnalité. Le moi dans l'enfance se constitue grâce à ces identifications successives. Ici, la proposition est de mettre ses pas dans ceux d'un auteur, d'utiliser sa voix à lui pour trouver la sienne à soi. Laissez-vous emporter par votre intuition et votre affinité avec certains mots ; elles vous guideront à travers la forêt des mots de l'autre pour que vous puissiez frayer votre propre chemin poétique.

effet, d'être là étendu, seul, loin des hommes et du bruit, dans une chambre haute et claire, tout près de la cime frémissante des arbres, quand on veut penser à une amante ; il est si agréable de méditer en toute quiétude, délié de tout devoir, de toute obligation, de s'abandonner ainsi à de douces rêveries et de vivre en tête à tête avec ces chères images qui s'approchent de votre lit quand on ferme un instant les paupières. L'amour n'a peut-être pas de plus suaves moments que ces rêveries languissantes.

La douleur est encore très vive durant les premiers jours. Mais il y trouve une étrange jouissance. L'idée qu'il endure cette souffrance pour l'amour de Margot, pour l'amour de sa bien-aimée, remplit le jeune garçon d'un orgueil immense et bien digne d'un cœur romanesque. Il eût été beau, pense-t-il, de s'être fait au visage une blessure sanglante qu'il aurait pu constamment arborer, comme un chevalier les couleurs de sa dame ; ou mieux encore d'être resté sans connaissance, écrasé, là où il était tombé. Dans son imagination il voit alors Margot s'éveillant le lendemain au bruit que font les gens en s'interpellant sous sa fenêtre ; curieuse, elle se penche et l'aperçoit gisant, mort pour elle. Elle s'affaisse en poussant un cri ; il entend ce cri perçant retentir à ses oreilles. Il assiste ensuite à son chagrin, à son désespoir. Il la suit tout au long de l'existence ; sa vie est brisée ; longtemps vêtue de noir, elle va, triste et sombre ; un léger tremblement agite ses lèvres lorsque les gens lui demandent la cause de sa douleur.

Et il rêve ainsi des journées entières : au début dans l'obscurité seulement, puis les yeux grands ouverts, vite accoutumé à évoquer l'image de l'aimée. Nulle heure n'est assez lumineuse pour empêcher son ombre radieuse de se glisser jusqu'à lui le long des murs ; ni assez bruyante pour qu'il n'entende pas sa voix au-dehors dans le dégouttement de la pluie qui tombe du feuillage, ou dans le craquement du sable sous les rayons brûlants du soleil. Il lui parle pendant des

broderie sur photo

Le papier est aussi le support sur lequel s'imprime la photographie, cette représentation du réel en deux dimensions dont on oublie la magie à force d'en avoir constamment sous les yeux. Avoir l'audace de le perforer, c'est le faire entrer dans la troisième dimension, de même que le fil de couleur fait basculer l'image en noir et blanc dans un autre monde de représentation. Perforer et broder du papier, geste étrange, troublant, gratuit, presque interdit...

MATÉRIEL

un tirage photo (plutôt en noir et blanc)

du fil à broder (plutôt de couleur)

une aiguille

des ciseaux

POUR LE MONTAGE À DROITE :

un napperon en dentelle de papier (pour pâtisserie)

Délimiter sur l'image la partie qui mérite d'être soulignée par les pointillés de la broderie ou de la couture. On peut remplir toute une zone pour la coloriser et lui donner du relief ou bien marquer un contour ou encore dessiner un tracé. Celui-ci peut venir superposer une nouvelle forme ou bien redoubler en épaisseur ce qui est représenté dans l'image.

Procéder par petits points en veillant à les espacer suffisamment pour ne pas trop endommager le papier.

À droite, la photo a été découpée et collée sur un napperon en dentelle de papier dont la fragilité évoque celle de l'instantané.

Faire un nœud, puis laisser les fils dépasser hors-champ, comme une œuvre inachevée.

Le regard de la psy

LE FIL ROUGE DU LIEN

Coudre, perforer, oser découper une photo de famille, c'est venir travailler ce matériau familial dont nous avons hérité et qui nous constitue. Coudre une autre matière que le tissu est une expérience sensorielle et symbolique troublante. En effet, traverser le corps d'un être aimé fait émerger des émotions inattendues et permet de se relier à ce dernier malgré l'absence. Le fil rouge représente ce lien intergénérationnel qui nous constitue.

carnet accordéon

La proposition : réaliser un carnet à la reliure accordéon pour y représenter ses émotions. Page après page, il se consulte comme un carnet intime, gardant la trace stylisée de ces états successifs au jour le jour. Quelle humeur prioritaire aujourd'hui ? Déplié, il devient un panorama émotionnel, paysage contrasté fait de collages et de griffonnages. À réaliser librement, au gré des ressentis, en épousant au plus près la vérité de l'instant.

MATÉRIEL

feuille A4 couleur kraft de 200 g
boîte de 8 x 8 x 8 cm
double décimètre
cutter ou ciseaux
colle blanche
crayon, feutres, stylos
ruban adhésif
plumes, fleurs séchées (en photo, bégonia japonais, oxalys, iris)
encres noire et bleue
tampons de lettres
aquarelles et pinceau fin
masking tape doré
correcteur blanc

Découper dans la feuille de papier trois bandes de 7 cm de largeur.

Tracer au crayon à papier des cases tous les 7 cm, qui marqueront les plis du carnet.

Choisir une couleur ou un élément naturel pour chaque émotion.

Coller les fleurs avec des petits morceaux de ruban adhésif.

Utiliser un tampon pour la première lettre du mot.

Peindre avec encre et aquarelle. Compléter avec des dessins au stylo noir.

Plier chaque bord à droite de la case pour réaliser l'accordéon, puis ranger le carnet dans la boîte.

Le regard de la psy

La couleur des émotions

L'émotion est une réaction psychologique et corporelle qui nous donne des informations quant aux situations vécues et nos besoins fondamentaux (sécurité, amour, reconnaissance...). Accueillir nos émotions et les reconnaître nous permet de réagir aux situations de façon appropriée et également de nous reconnecter à nous-mêmes. Ainsi, notre estime de nous se développe et nous sentons ce que nous pouvons vivre au plus juste pour nous. Si la parole permet de nous libérer de nos émotions, nous vous proposons ici d'expérimenter ce que procure le geste créatif comme apaisement et sublimation de nos vécus internes.

bonheur
Joie
Sereine
Colère
Illuminée

jeu de transparence

Le jeu consiste à dévoyer le papier cuisson de cuisine pour en faire un voile où montrer/cacher la nudité… ainsi que ses talents d'artiste, bien à l'abri des prétentions sur ce matériau modeste. Le geste du fer chaud qui lisse, défroisse, dore et tout à la fois désigne le nu est un acte psychomagique à lui tout seul. Résultat de ce petit bricolage : en pleine lumière, le corps s'efface, il ne se révèle qu'à contre-jour. Libre à chacun d'accrocher l'œuvre là où elle s'offre ou se dissimule.

MATÉRIEL

du papier cuisson
un crayon
un feutre noir
un modèle de nu à recopier
des végétaux séchés fins
de la colle en bombe
un fer à repasser
une pince à dessin
du fil ou du fil de fer

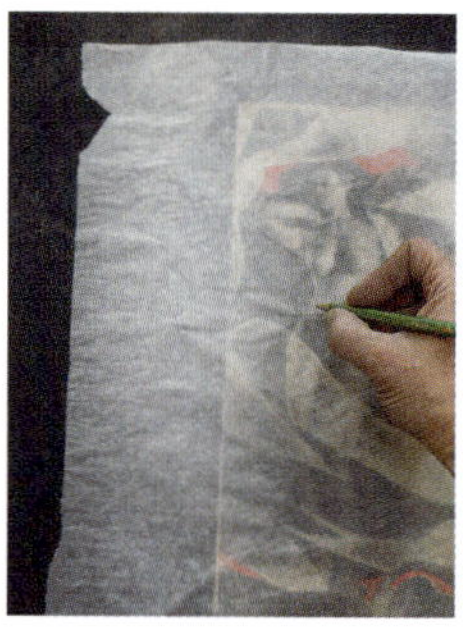

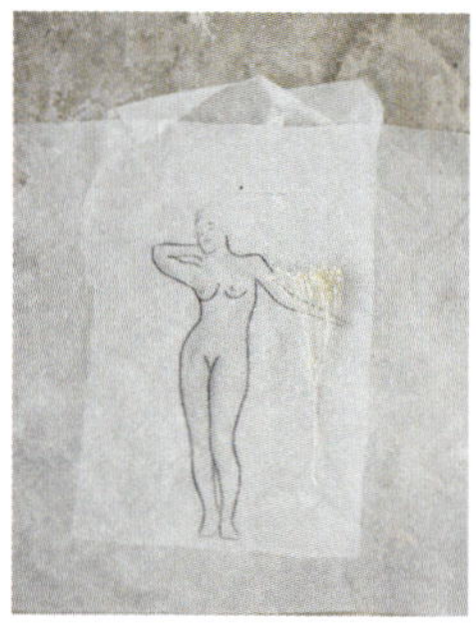

Choisir un modèle de silhouette à recopier dans un livre d'art ou un magazine. Poser dessus une feuille de papier cuisson et l'utiliser comme calque pour reproduire la silhouette au crayon à papier. La repasser en noir au feutre.

Déchirer d'autres morceaux de papier cuisson de tailles variées. Les froisser de différentes façons et contempler l'aléa des pliures.

Superposer à sa guise plusieurs feuilles neutres, celle qui comporte le dessin et des rameaux de végétaux séchés, selon les effets de transparence souhaités. Vaporiser de la colle en bombe entre chaque.

Protéger la surface d'un autre papier cuisson provisoire, puis passer un fer à repasser au centre, sans défroisser les bordures.

Accrocher l'œuvre dans la lumière avec une pince et du fil.

Le regard de la psy

LE DÉVOILEMENT

Repenser les voiles, ceux qui recouvrent notre corps pour nous protéger du regard des autres et de ceux qui entourent le soi. Le dévoilement, dans le processus thérapeutique, demande du temps et de la confiance. Il nécessite l'instauration d'un cadre de rencontre sécurisant pour que les mécanismes de défense habituels s'abaissent et laissent transparaître la vulnérabilité, nécessaire à une parole vraie.

Table des matières

Index

L'ATELIER INTÉRIEUR

DIY AVEC SUPPLÉMENT D'ÂME

On fait une œuvre, mais l'œuvre nous fait aussi. Cette collection interroge ce qui se passe en nous quand les mains agissent et créent. « **L'atelier intérieur** » désigne à la fois la démarche créative par laquelle nous souhaitons embellir l'intérieur de nos maisons et le processus de transformation de notre intérieur au sens de notre conscience.

Chaque livre se présente sous la forme d'un parcours dont vous êtes le héros : une quête de soi en cinq étapes, qui vont du connu à l'inconnu, de l'apparence vers la profondeur. Vingt-cinq fiches pratiques proposent la réalisation d'objets d'art ou de déco, chacune accompagnée d'un décodage symbolique rédigé par une psychologue.

Il s'agit donc d'une invitation à observer ce qui bouge en soi quand l'esprit, grâce aux mains, se dédie au « faire ».

DANS LA MÊME COLLECTION

la poésie du blanc

la poésie du végétal

© Tana éditions, un département d'Edi8
92, avenue de France
75013 Paris

ISBN : 979-10-301-0497-4
Dépôt légal : septembre 2023
Imprimé en France par Pollina en août 2023, 47350

Tana **S'ENGAGE**

TANA est un éditeur qui s'engage pour la préservation de l'environnement et qui utilise du papier issu de forêts gérées durablement.

Ce livre a été imprimé en France par un imprimeur certifié Imprim'Vert© avec des encres végétales. La couverture ne comprend pas de pelliculage contenant du plastique.

Rejoignez-nous sur :
www.tana.fr